SV

Vladimir Jankélévitch
Verzeihen?
Suhrkamp

Die französische Erstausgabe von »Pardonner?« erschien 1971.
Eine Neuauflage erfolgte in: Vladimir Jankélévitch,
L'Imprescriptible, Paris 1986, S. 17-63 © 1986 Éditions du Seuil.
Die vorliegende Ausgabe folgt der deutschen Übersetzung von
Claudia Brede-Konersmann in: Vladimir Jankélévitch,
Das Verzeihen. Essays zur Moral und Kulturphilosophie,
Franfurt/M. 2003, suhrkamp taschenbuch wissenschaft 1731,
S. 243-282.

Bibliografische Information Der Deutschen Bibliothek
Die Deutsche Bibliothek verzeichnet diese Publikation
in der Deutschen Nationalbibliografie
http://dnb.ddb.de

Erste Auflage 2006

Druck: Ebner & Spiegel, Ulm
Printed in Germany
Einband: Werner Zegarzewski
ISBN 3-518-06855-5
ISBN 978-3-518-06855-7

Verzeihen?

Ist es an der Zeit, zu verzeihen oder mehr oder weniger zu vergessen? Zwanzig Jahre scheinen auszureichen, um das Unverzeihliche auf wundersame Weise verzeihlich werden zu lassen: Mit vollem Recht und von heute auf morgen ist das Unvergeßliche vergessen. Ein Verbrechen, das bis Mai 1965 unsühnbar war, hört also plötzlich von Juni an auf, es zu sein: wie durch Zauberei ... Und so beginnt das offizielle oder legale Vergessen heute abend um Mitternacht. Es einem Verbrecher zwanzig Jahre lang übelzunehmen, ist legitim: Doch vom einundzwanzigsten Jahr an stürzen diejenigen, die noch nicht verziehen haben, ihrerseits unter dem Eindruck der Rechtsverwirkung und halten Einzug in die Kategorie der nachtragenden Menschen! Zwanzig Jahre: Das ist die Frist. Und dennoch ist es das erste Mal, daß selbst die Gleichgültigsten das Grauen der Katastrophe in seinem ganzen Umfang erfassen: Ja, sie haben zwanzig Jahre gebraucht, um die gigantischen Dimensionen zu begreifen wie nach einem Verbrechen, das in keinem Verhältnis zu den gewöhnlichen Untaten steht, oder wie nach einem sehr großen Unglück, dessen Wirkungen und Reichweite man erst nach und nach ermißt; die Vernichtungsfabriken und namentlich

Auschwitz, die überwältigendste unter ihnen, sind in der Tat in dieser besonderen Rechtsproblematik von erheblichem Belang; ihre weitreichenden Konsequenzen erscheinen nicht mit einem Schlag, sondern entwickeln sich mit der Zeit und dehnen sich immer weiter aus. Und was die Überlebenden des ungeheuren Massakers anbelangt, sie reiben sich die Augen: Tagtäglich lernen sie, was sie bereits wußten; sie wußten, doch nicht bis zu welchem Punkt; zurückgekehrt von jenen fernen und grauenerregenden Gestaden, blicken sie einander schweigend an.

Während man sich jetzt der von Hitler-Deutschland ausgelösten Weltkatastrophe bewußt wird, unterscheidet man zwei Gesichter dieser Katastrophe: Einerseits die Epopöe der Résistance und andererseits die Tragödie der Deportation; einerseits den Heroismus des Maquis und den Ruhm des freien Frankreich, verherrlicht durch Malraux' ergreifendes Wort, und andererseits die Todeslager; einerseits Jean Moulin, geehrt von der Menge der Patrioten auf den Pantheon-Märschen des Ruhms unter knatternden Fahnen; andererseits der gefolterte, entstellte, keuchende Jean Moulin, auf bestialische Weise von den Bestien niedergetreten: Denn der Deportierte und der Widerstandskämpfer waren sehr häufig ein und derselbe. Auf der einen Seite Bir Hakeim und die Barrikaden von Paris; auf der anderen … Auf der anderen eine unnennbare, unaussprechbare und grauenerregende Angelegenheit, eine Sache, von der man sein Denken abwendet und die kein menschliches Wort zu beschreiben wagt … Die Orchester spielten Schubert, während man die Inhaftierten henkte … Man sammelte die Haare der Frauen … Man entnahm den Leichen die Goldzähne. Diese unsagbare Sache, deren Namen man nur zögernd nennt, heißt Auschwitz. An diesem verfluchten Ort wurden die, wie Claudel sagt, gräßlichen Orgien des Hasses gefeiert. Mitunter fühlen sich die Menschen unserer Generation als Träger eines schweren und unaussprechbaren Geheimnisses, das sie von ihren Kindern trennt. Wie sollen sie ihnen die Wahrheit sagen? Man sagt, daß der Überlebende von Verdun für gewöhnlich nicht gern von dem »abscheulichen und trostlosen Landstrich« spricht, »wo er herkommt«. Doch was ist das Geheimnis von Verdun neben dem Geheimnis von Auschwitz?

Dieses schändliche Geheimnis, das wir nicht benennen können, ist das Geheimnis des Zweiten Weltkrieges und in gewisser Weise das Geheimnis des modernen Menschen: Auf unserer Moderne lastet nämlich der ungeheure Holocaust wie ein unsichtbares Schuldgefühl, selbst wenn man nicht darüber spricht. *Comment s'en débarrasser?*[1] Dieser Titel eines Stücks von Ionesco mag recht gut die Beunruhigungen des sichtlich guten zeitgenössischen Gewissens kennzeichnen. Das Verbrechen war zu schwer, die Verantwortung zu schwerwiegend, bemerkt Rabi mit bitterer Klarheit. Wie werden sie sich von ihrem latenten Schuldgefühl befreien? Der »Antizionismus« ist in dieser Hinsicht ein ungesuchter Glücksfall, denn er gibt uns die Erlaubnis und sogar das Recht, ja selbst die Pflicht, im Namen der Demokratie Antisemit zu sein! Der Antizionismus ist der gerechtfertigte, schließlich jedermann verständlich gemachte Antisemitismus. Er ist die Erlaubnis, demokratischerweise Antisemit zu sein. Und wenn die Juden selbst Nazis wären? Das wäre wunderbar. Es wäre nicht länger nötig, sie zu bedauern; sie hätten ihr Los verdient. So entlasten sich unsere Zeitgenossen von ihrer Sorge. Denn alle Alibis sind recht, die es ihnen letztendlich gestatten, an etwas anderes zu denken. Auf den folgenden Seiten beabsichtigen wir, sie an diese Sorge zu erinnern.

1 [Eugène Ionesco, *Amédée ou comment s'en débarrasser?* 1953, Uraufführung 1954 in Paris. (dt.: *Amédée oder Wie wird man ihn los?*)]

Das Unverjährbare

> O fumée épaisse et noire des crématoires – drapeaux flottants sur toutes les cités dans les tresses du vent. Pourquoi m'étranglez-vous dans mon sommeil? Mon gosier serait-il devenu cheminée afin que vous puissiez par moi répandre les imprécations?
> Dora Teitelboim, übers. v. Ch. Dobzynski[2]

Sagen wir es zunächst klar und deutlich: Alle juristischen Kriterien, die gewöhnlich auf Verbrechen des gemeinen Rechts in Sachen Verjährung angewandt werden, sind in diesem Fall hinfällig. Zunächst handelt es sich um ein internationales Verbrechen, und die Deutschen können uns unsere Einmischung in ihre Angelegenheiten nicht vorwerfen; das sind nicht »ihre Angelegenheiten«. Diese Angelegenheit ist die Angelegenheit aller getretenen Nationen. Deutschland, das heißt der Angeklagte, ist weit eher noch das einzige Land, das sich mit dieser Frage nicht zu be-

2 [»Oh, dichter, schwarzer Rauch der Krematorien – Fahnen, die über allen Städten im Wind flattern. Warum erstickt ihr mich in meinem Schlaf? Wäre meine Kehle doch zum Schornstein geworden, damit ihr durch mich die Verwünschungen verbreiten könntet?«]

fassen hat. Sodann ist die Ermordung dieser Millionen Juden, Widerstandskämpfer, Russen keine Meldung aus dem Polizeibericht, so wie zum Beispiel der Mord an einer Rentnerin, der sich vor zwanzig Jahren in Montélimar ereignete. Die deutschen Verbrechen sind in jeder Hinsicht außergewöhnliche Verbrechen; durch ihre Ungeheuerlichkeit, ihren unglaublichen Sadismus … Aber vor allem sind es, im eigentlichen Wortsinn, Verbrechen *gegen die Menschlichkeit,* das heißt Verbrechen gegen das menschliche Wesen oder, wem das lieber ist, gegen die »Hominität« des Menschen im allgemeinen. Genau genommen hat der Deutsche eben nicht für irrig erachtete Anschauungen oder als schädlich betrachtete Lehren zerstören wollen: Es ist das Sein des Menschen selbst, *ESSE,* das der rassistische Genozid im schmerzenden Fleisch dieser Millionen von Märtyrern zu vernichten versuchte. Die rassistischen Verbrechen sind ein Attentat auf den Menschen *als Mensch:* Nicht auf den Menschen als den oder den (*quatenus* …), als diesen oder jenen, zum Beispiel als Kommunist, Freimaurer, ideologischer Gegner … Nein! Der Rassist visierte genau die Ipseität des Seins an, das heißt das Menschliche jedes Menschen. Der Antisemitismus ist eine schwerwiegende Kränkung des Menschen im allgemeinen. Die Juden wurden verfolgt, weil sie es waren, und nicht auf Grund ihrer Meinungen oder ihres Glaubens: Die Existenz selbst wurde ihnen verweigert; man warf ihnen nicht vor, dies oder jenes zu äußern, man warf ihnen vor, zu sein. Bis zu einem gewissen Punkt erstreckt sich diese Verweigerung noch heute auf die Existenz des Staates Israel. Man glaubt Israel eine außerordentliche Konzession, ein Gratisgeschenk zu machen, wenn man ihm das Recht einräumt, zu existieren ..., als wäre diese Anerkennung nicht das elementare und vitale Recht, das jeder Mensch bei jedem anderen Menschen zu respektieren hat, und zwar ohne Verhandlungen irgendwelcher Art, ohne irgendeinen Anspruch auf Dankbarkeit. Oder, um hier den schönen Titel der von Bernard Lecache gegründeten Zeitschrift wieder aufzunehmen: Wir müssen das Lebensrecht[3] unseres Nächsten respektieren, und unser Nächster schuldet uns keine Gegenleistung ... mit Ausnahme des gleichen Respekts. Doch bei einem Juden ist es unnötig, sich Zwang anzutun. Bei einem Juden kann man sich alles erlauben. Wenn es sich um einen Juden handelt, ist das *Sein* nicht selbstverständlich. Die Feinde Israels »anerkennen« die Existenz Israels nicht: Israel ist durchsichtig, inexistent. Man verhandelt nicht, man

3 [Gemeint ist die Zeitschrift »Droit de Vivre«.]

führt keinen Dialog mit jemandem, der nicht existiert. Nun ist es keineswegs evident, daß ein Jude existieren darf: Ein Jude muß sich immer rechtfertigen, sich entschuldigen dafür, daß er lebt und atmet; sein Anspruch zu kämpfen, um fortzubestehen und zu überleben, ist an sich ein unbegreiflicher Skandal und hat etwas Maßloses; die Vorstellung, daß die »Untermenschen« sich verteidigen könnten, erfüllt die Übermenschen mit empörter Verblüffung. Ein Jude hat nicht das Recht zu sein; seine Sünde ist, zu existieren. Wie die Inquisitoren die Existenz des ANDEREN, der nur durch eine unerklärliche Unachtsamkeit Gottes existierte, beseitigten, indem sie die Häretiker durch das Feuer der Vernichtung nihilisierten und vorgaben, auf diese Weise die göttliche Absicht zu erfüllen, genauso beseitigten die Deutschen, indem sie die verfluchte Rasse in den Verbrennungsöfen vernichteten, radikal die Existenz derjenigen, die nicht hätten existieren dürfen. Und ebenso bemühten sich die Sadisten, die Seife aus den Leichen der Deportierten machten, keineswegs, die Produktion zu steigern oder den Ertrag zu verbessern. Wenn der Kolonialist die Eingeborenen ausbeutet, ist er vor allem Geschäftsmann auf der Suche nach im Sinne des Mehrwerts billigen Arbeitskräften, und er benutzt die wie Vieh behandelten Menschen als Arbeitsgerät. Doch der Jude ist für den Deutschen nicht einfach ein »Arbeitsgerät«,[4] er ist darüber hinaus *selbst das vorzügliche Material.* Der Eingeborene wird eines Tages ins Lager der Kolonisatoren übertreten können und seinerseits andere Eingeborene ausbeuten; der Proletarier wird Vorarbeiter, ja selbst Meister und sogar Bourgeois werden können. Doch das Verbrechen, Jude zu sein, ist ein unsühnbares Verbrechen. Nichts kann diesen Fluch auslöschen: weder das Ralliement noch das Reichwerden noch die Konversion. Die deutsche Beleidigung, die Beleidigung, die zertritt, verwertet die Haare der Frauen wie einen mineralischen Rohstoff, also ist diese unendliche Beleidigung eine *rein willkürliche* Beleidigung; diese Beleidigung ist weniger »verächtlich« als böse, denn ihr Ziel ist es, zu entwürdigen und zu erniedrigen, um zu nihilisieren. Eine solche Verbissenheit hat etwas Sakrales und

4 Vgl. die Studie von Georges Wellers, die in ihrer Zurückhaltung besonders erschütternd ist: *Le Système concentrationnaire nazi,* hrsg. v. UNADIF und FNDIR [Union Nationale des Associations des Déportés, Internés et Familles de disparus; Fédération Nationale des Déportés et Internés de la Résistance] (1965). Die bedeutende Doktorarbeit von Olga Wormser-Migot: *Le Système concentrationnaire nazi,* 1933-1945, bleibt in diesen Dingen das grundlegende und definitive Werk (Publications de la faculté des lettres et sciences humaines de Paris-Sorbonne). [Paris 1968.]

Übernatürliches, und wir werden nicht noch weiter auf der Rolle beharren, die in diesem Zusammenhang von alters her eine religiöse Erziehung hat spielen können, zumal ja Jules Isaac dies vor uns getan hat. Wenn das Vorurteil des »verfluchten Volkes«, des »gottesmörderischen« und eines ursprünglichen Vergehens schuldigen Volkes im kollektiven Unbewußten tief eingesenkt ist, so ist es wohl der Deutsche, der die Vernichtung der Verdammten faktisch auf sich genommen hat. Und so ist die Ausrottung der Juden das Produkt der reinen Bosheit und der *ontologischen* Bosheit, der teuflischsten und willkürlichsten Bosheit, welche die Geschichte je gekannt hat. Dieses Verbrechen ist nicht motiviert, nicht einmal durch »niedrige« Beweggründe. Dieses widernatürliche Verbrechen, dieses unmotivierte Verbrechen, dieses maßlose Verbrechen ist also ein im wörtlichen Sinne »metaphysisches« Verbrechen; und die Verbrecher dieses Verbrechens sind keine einfältigen Fanatiker oder nur blinde Doktrinäre oder nur abscheuliche Dogmatiker: Es sind, im eigentlichen Sinne des Wortes, »Monstren«. Jedesmal, wenn ein Akt das Wesen des Menschen als Mensch leugnet, widerspricht die Verjährung, die darauf hinauslaufen würde, ihm im Namen der Moral zu vergeben, ihrerseits der Moral. Ist es nicht widersprüchlich und sogar absurd, hier um Verzeihung zu flehen? Dieses gewaltige Verbrechen gegen die Menschlichkeit zu vergessen, wäre ein neues Verbrechen gegen die menschliche Gattung.

Die Zeit, die alle Dinge abstumpft, die Zeit, die an der Abmilderung des Kummers wie an der Erosion der Berge arbeitet, die Zeit, die das Verzeihen und das Vergessen fördert, die Zeit, die Trost bringt, die tilgende und heilende Zeit lindert in keiner Weise die ungeheure Hekatombe: Sie hört im Gegenteil nicht auf, das Entsetzen darüber wiederaufleben zu lassen. Mit gutem Recht formuliert das Votum des Französischen Parlaments ein Prinzip und, gewissermaßen, eine Unmöglichkeit *a priori*: Die Verbrechen gegen die Menschlichkeit sind *unverjährbar*, das heißt, sie *können* nicht abgebüßt werden; die Zeit hat keinen Einfluß auf sie. Nicht, weil eine Verlängerung von zehn Jahren nötig wäre, um die letzten Schuldigen zu bestrafen. Es ist überhaupt unverständlich, daß die Zeit, ein natürlicher Vorgang ohne normativen Wert, eine mildernde Wirkung auf das unerträgliche Grauen von Auschwitz ausüben konnte. Vor dem Comité d'action de la Résistance hat Me[5] Boissarie mit den beiden Motiven aufgeräumt, die im allgemeinen zur Legitimation der Verjährung angeführt werden. Da

5 [Abkürzung für »maître«, Rechtsanwalt.]

es sich um ein Verbrechen im Weltmaßstab handelt, verlieren die Beweise mit der Zeit nicht an Gewicht, sondern, im Gegenteil, sie verstärken sich noch. Und die öffentliche Betroffenheit läßt ihrerseits durch den Einfluß der Jahre nicht nach, sondern nimmt immer weiter zu: Viele Leichtfertige, die nicht glauben wollten, mußten es einsehen lernen; sie beginnen heute zu erfassen, und der Frankfurter Prozeß hilft dabei, was sie nicht wahrhaben wollten: Wiewohl ungern, mit offensichtlich bösem Willen und in der Absicht, die Verjährung scheinheilig und im voraus zu rechtfertigen, werden dieser Prozeß und diejenigen, die ihn betrieben haben, sich gegen ihren Willen als hilfreich erweisen ... Darum auch ist man, und zwar mit vollem Bewußtsein, versucht zu sagen: Die Israelis haben Recht gehabt, Eichmann zu entführen und selbst über ihn zu Gericht zu sitzen. Ohne dieses israelische Kommando hätten es die Gleichgültigkeit der argentinischen Justiz und die Komplizenschaft der Polizei zweifellos dem Lieferanten von Auschwitz erlaubt – so wie sie es Ante Paveli?, dem blutbeschmierten Henker Sloweniens erlaubten –, als angesehener Bürger in seinem Bett zu sterben. Alle juristischen Normen, die man gegen diese Entführung geltend machen kann – die Souveränität Argentiniens, die Menschenrechte etc. – erscheinen lächerlich und verdienen allenfalls ein Achselzucken, wenn man an die Maßlosigkeit der begangenen Verbrechen denkt. Ach, wenn sich in Frankreich ein Kommando von Widerstandskämpfern gefunden hätte, um den General Lammerding, den Henker von Oradour, zu entführen und ihn daran zu hindern, ebenfalls in seinem Bett zu sterben, umgeben von der Zuneigung der Seinen …

Was läßt sich über Auschwitz noch weiter sagen? Wir verweisen hier auf den wunderbaren Artikel von A.-M. Rosenthal, der ohne jeden Zweifel glänzendste und erschütterndste Beitrag, der je über diesen Ort unerträglichen Grauens geschrieben worden ist. Lassen wir zunächst A.-M. Rosenthal sprechen, den seine Pilgerschaft in diese Hölle geführt hat:

»Vielleicht war am schrecklichsten in Brzezinka (Auschwitz), daß die Sonne strahlend und heiß war, daß die Pappelreihen schön anzuschauen waren und daß nahe beim Eingang Kinder im Gras spielten. Wenn die Sonne strahlte, wenn man junge Leute lachen hörte, wenn die Natur leuchtend und grün war, konnte das anscheinend nur durch irgendeine erstaunliche Anomalie bewirkt sein, so wie sie in Albträumen vorkommt. Angemessen wäre es gewesen, daß das Gras dort verkümmert und die Sonne niemals scheint, denn Brzezinka ist ein unbeschreiblicher Ort des Schreckens. Und dennoch kommen jeden Tag Besucher von allen Teilen des Globus nach Brzezinka, das wahrscheinlich das düsterste Touristenzentrum der Welt ist. Sie kommen aus vielen Gründen, um festzustellen, daß das wirklich möglich war, um nicht zu vergessen, um den Toten die Ehre zu erweisen, indem sie schlicht den Ort ihres Leidens betrachten … Es gibt nichts Neues zu sagen über Auschwitz. Es sei denn, man möchte bezeugen; man hat das Gefühl, daß es nicht möglich ist, Auschwitz besucht zu haben und ohne ein Wort, ohne eine Zeile davonzugehen; das wäre, so scheint es, ein bedenklicher Mangel an Höflichkeit gegenüber denen, die dort gestorben sind.«

Jahre sind vergangen, seitdem der letzte Schub von Unglücklichen »nackt, gestoßen von Hunden und Wachen, in die Gaskammern ging«.[6] Von Wachen, die schlimmer sind als ihre Hunde. Denn das ist möglich gewesen. Dieses Verbrechen ohne Namen ist ein wirklich maßloses Verbrechen, dessen Grauen sich in dem Maß verstärkt, wie man es analysiert. Man glaubte zu wissen, doch man wußte noch nicht, nicht bis zu welchem Punkt. Wir selbst, die wir so

6 A.-M. Rosenthal, »Rien de nouveau à Auschwitz. Où prier?«, *L'Observateur du Moyen-Orient,* 12. September 1958, S. 23.

viele Gründe hatten zu wissen, wir erfahren jeden Tag etwas Neues, eine besonders empörende Erfindung, eine besonders einfallsreiche Marter, eine machiavellistische Scheußlichkeit, in der man die Signatur der alten, ererbten Menschenschinderei erkennt. Seife machen oder Lampenschirme aus der Haut der Deportierten ... darauf muß man erst einmal kommen. Man muß ein Metaphysiker der Menschenschinderei sein, um einen solchen Geistesblitz zu haben. Man darf sich also nicht wundern, wenn ein unergründliches Verbrechen gewissermaßen eine unerschöpfliche Grübelei erfordert. Die noch nicht dagewesenen Erfindungen der Grausamkeit, die Abgründe der teuflischsten Perversität, die unvorstellbaren Raffinements des Hasses, all dies macht uns sprachlos und verwirrt zunächst den Geist. Nie wird man damit fertig, dieses Mysterium der willkürlichen Bosheit zu ergründen.

Genau genommen ist das überwältigende Massaker kein Verbrechen im menschlichen Maßstab; so wenig wie die astronomischen Größen und die Lichtjahre. Daher sind die Reaktionen, die es wachruft, zunächst Verzweiflung und ein Gefühl der Ohnmacht vor dem Nichtwiedergutzumachenden. Nichts kann man tun. Diesem unendlich großen Berg elender, sterblicher Überreste wird man das Leben nicht zurückgeben. Man kann den Verbrecher nicht mit einer Strafe bestrafen, die zu seinem Verbrechen in einem angemessenen Verhältnis steht: Denn angesichts des Unendlichen neigen alle endlichen Größen dazu, einander auszugleichen, so daß die Bestrafung beinahe gleichgültig wird; das, was geschehen ist, ist im buchstäblichen Sinne *unsühnbar.* Man weiß nicht einmal mehr, wem man die Schuld geben oder wen man anklagen soll. Werden wir diese ehrbaren Provinzbürger anklagen, die einst Offiziere in der SS waren? Aus der Nähe wirkt der Henker eher sympathisch, und der Sadismus steht dem Sadisten nicht immer auf die Stirn geschrieben. Werden wir diese ruhigen und gutmütigen deutschen Touristen anklagen, denen es gut geht und die mit Sicherheit ein sehr gutes Gewissen haben? Sie wären gewiß sehr erstaunt, in dieser Weise angegriffen zu werden und würden sich fragen, was wir von ihnen wollen und worum es sich handelt. Die Nachkommen der Henker sind gut gelaunt, und sie finden es ganz natürlich, als wenn nichts gewesen wäre, in lärmenden Scharen quer durch dieses Europa zu spazieren, das ihre Armeen unlängst mit Feuer und Schwert verwüsteten. Niemand hier unten hat ein schlechtes Gewissen, das ist hinlänglich bekannt. Niemand ist schuldig, weil niemand jemals Nazi war; so daß der abscheuliche Genozid, die Katastrophe an sich, wie Erdbeben, Flutwellen und die Ausbrüche des Vesuv, die Schuld von niemandem ist. Ebensogut könnte man den Teufel anklagen! Der Teufel, sagt M.[onsieur] Jung, hat immer existiert, der Teufel hat vor dem Menschen existiert, der Teufel ist das ewige Prinzip, das den reinen Menschen verdorben hat! Und so wird es immer Bösartige geben ... Genau genommen ist die Beschuldigung des Teufels keine kolossale Absurdität, sondern eher die Bequemlichkeit einer wundersamen Fügung. Denn der Teufel hat ein breites Kreuz! Der Teufel belädt sich mit allem. Von dem Moment an, wo es die Schuld des »ewigen Prinzips« ist, ist es offenbar nicht mehr die Schuld von Eichmann oder Bormann oder von wem auch immer.

Eine solche philosophische Entdeckung würde die Advokaten der Verjährung offensichtlich glücklich machen. Sollte es etwa zufällig Leute geben, die bestimmte mildernde Umstände für die Schurken finden, die Kinder mit einer Phenolspritze ins Herz töteten und Experimente an schwangeren Frauen durchführten? Ach, wir fürchten einsehen zu müssen, daß diese nachsichtigen Advokaten existieren: Sie sind weder entsetzt über das Massaker an sechs Millionen Juden noch besonders erstaunt über die Gaskammern, sie halten diese Verbrechen keineswegs für außergewöhnlich, sie sind nicht von ihrer Monstrosität überzeugt, und sie sind nicht einverstanden, scheint es, mit der Anzahl der Millionen ... Wie viele Millionen bräuchte es, um sie zu erschüttern? Ein Journalist, erfüllt von gesundem Menschenverstand, hat sogar herausgefunden, daß der Unterschied zwischen den Verbrechen Hitlers und den anderen einfach (!) quantitativ war. Den qualitativen Auffassungen dieses brillanten Journalisten entsprechend, waren die Millionen von vernichteten Juden und Widerstandskämpfern zweifellos keine hinlänglich ausgezeichneten Opfer. Auf der Suche nach Alibis haben andere Essayisten kürzlich entdeckt, daß es jüdische »Kapos« gab, die von den Deutschen selbst beauftragt waren, ihre Kameraden zu überwachen und zu denunzieren. Während sie, wie jedermann weiß, niemals christliche Komplizen in den besetzten Ländern fanden, haben die Deutschen also solche unter den Juden gefunden? Welcher Glücksfall für ein gutes Gewissen, das sich trotz allem ein bißchen belastet und sogar vage schuldig fühlt! Man stelle sich die Eilfertigkeit vor, mit der sich eine gewisse Öffentlichkeit auf diese verlockende Perspektive gestürzt hat: Im Grunde waren die Juden vielleicht selbst Kollaborateure? ... Eine unverhoffte Entdeckung! Und wenn sich zufällig die Juden selbst vernichtet hätten? Wenn sich die Deportierten zufällig selbst in die Gaskammern gesperrt hätten? Diese Juden sind so schlecht, daß sie imstande sind, sich absichtlich in den Verbrennungsöfen verbrennen zu lassen, aus reiner Bosheit, um sich gegenüber unseren unglücklichen Zeitgenossen so unangenehm wie möglich zu verhalten. Denn die Juden haben immer unrecht: unrecht zu leben, unrecht zu sterben; unrecht, mit der Waffe in der Hand gegen die Mörder zu kämpfen, die davon träumen, die Überlebenden von Auschwitz zu vernichten, unrecht, daß sie sich haben massakrieren lassen; unrecht sich zu verteidigen, unrecht sich nicht zu verteidigen; gezwungen ihren Leidensweg vor denjenigen zu rechtfertigen, die unter der Okkupation ungestört Karriere machten; gehalten, den einstigen Unbürgern [*inciviques*] Rechenschaft abzulegen und ihre Lektionen über die empfehlenswerte Art entgegenzunehmen, wie den Henkern zu widerstehen gewesen wäre; mit ein bißchen Herablassung von großmütigen Geistern verteidigt, die für die Résistance niemals das geringste Risiko eingegangen sind. Jedenfalls sind unsere Polemiker von den meisten lästigen Skrupeln vollkommen frei und moralisch gerechtfertigt, nicht mehr daran zu denken.

Man muß seine Entscheidung treffen: Die Vernichtungslager fordern zahlreiche Polemiken heraus.

Polemiken über Auschwitz? Ja, so verblüffend das scheinen mag: Polemiken! Ein Mensch mit Herz und rechtschaffenem Sinn wird sich natürlich fragen, was wohl der Einsatz solcher Polemiken sein mag; und warum die Polemiker nicht im Gegenteil die Gelegenheit gefunden haben, Stillschweigen zu bewahren … Doch nein, man diskutiert virtuos, wo man so einfach hätte schweigen können, und der »Protest«, um es in der Sprache von heute zu sagen, ist lebhaft; die grauenhaftesten Offensichtlichkeiten, die heiligsten und die grausamsten Gefühle, die ein Mensch empfinden kann, werden der Dialektik geopfert. Unsere Dialektiker sind gut in Form, fühlen sich ausgesprochen wohl und scheinen überhaupt nicht peinlich berührt zu sein, eine so abscheuliche Diskussion in Gang zu halten. Der »Fall Treblinka«, wie sie sagen. Man ist versucht, ihnen als Antwort das grauenerregende Erinnerungsalbum vor Augen zu legen, das unsere Freunde von der Fédération Nationale des Déportés et Résistants anläßlich des 20. Jahrestages der Befreiung der Lager veröffentlicht haben. Lassen wir sie allein vor den grauenhaften Bildern und wünschen wir ihnen eine gute Nacht, wenn sie die denn haben können.

Man muß es noch einmal sagen: Den Grad der Schuld jener Schurken zu beurteilen, die die jüdischen Kinder in Massen massakriert und dann die kleinen Schuhe gesammelt haben, diese Einschätzung *ist kein Anlaß zur Kontroverse.* In einer Kontroverse gibt es das PRO, und es gibt das CONTRA, und es gibt das Gemisch des CONTRA und des PRO wie in der Société française de philosophie oder bei den Kolloquien von Cerisy-la-Salle. Frankreich ist seit einigen Jahren im Zustand eines permanenten Kolloquiums ... Doch Auschwitz, wir wiederholen es, ist kein Kolloquiumsthema; Auschwitz schließt die Dialoge und literarischen Gespräche aus; und allein die Idee, das PRO und das CONTRA einander gegenüberzustellen, hat hier etwas Schändliches und Höhnisches; diese Konfrontation ist eine schwerwiegende Ungebührlichkeit gegenüber den Gemarterten. Die »runden Tische«, wie man sagt, sind für die Spiele gemacht, denen sich unsere brillanten Unterhalter jeden Sommer während ihrer Sommerfrische hingeben; aber die Todeslager sind unvereinbar mit dieser Art von Debatten und philosophischem Geplapper. Im übrigen ist der Nazismus keine »Meinung«, und wir dürfen es uns nicht zur Gewohnheit werden lassen, darüber mit seinen Advokaten zu diskutieren. Bestehen wir nochmals darauf: Die namenlosen Leiden, deren ungeheuerliches Symbol Auschwitz bleibt, schließen mittelmäßige Empfindungen und die Geschraubtheit von Spitzfindigkeiten aus; und sie sind auch nicht gemacht für die professionellen Humoristen aus München und anderswoher. Nein, wir haben keine Lust zu scherzen. Wir ziehen uns also vom »Kolloquium« zurück und haben den brillanten Kasuisten nichts zu sagen, die die Verbrennungsöfen betrachten, wie man die Schrecken des Krieges im allgemeinen betrachtet. Auschwitz ist nicht, so wie Plünderungen, Bombardements und die Scherereien der Versorgung, einer dieser echten und biederen Unglücksfälle, die allen achtbaren Kriegsgeschädigten gemeinsam sind. Auschwitz ist unaussprechbar. Auschwitz ist nicht einfach ein besonderer Fall von menschlicher Barbarei. Und dieser Krieg war auch kein Krieg wie die anderen. Und die Widerstandskämpfer, die nein sagten zur Knechtschaft, sind nicht lediglich »ehemalige Frontkämpfer«. Sich den Zweiten Weltkrieg als eine einfache Abrechnung zwischen Kriegführenden vorzustellen, eine Abrechnung mit, je nach Bedarf, Kriegsentschädigungen, Reparationen und der Annexion von Territorien, ist eines der bequemsten Alibis des guten Gewissens; wenn erst einmal die Schulden beglichen sind, sieht man nicht, warum das kleine deutsch-französische Mißverständnis die Geister noch beschäftigen sollte. In dieser gewöhnlichen Streitsache unterscheidet man am Ende nicht mehr sehr genau, ob sich Deutschland auf Frankreich gestürzt hat oder, wer weiß, Frankreich auf Deutschland ... Nun ähnelt der Hitler-Krieg in nichts dem Ersten Weltkrieg. Der noble Pazifismus Romain Rollands machte sich, indem er den traditionellen Chauvinismus, der nationalistisch und militaristisch ist, zurückwies, vom »deutsch-französischen Konflikt« frei. Doch seit 1939 kann man nicht mehr »über dem Streit stehen«: Deshalb hat die Résistance nicht darüber, sondern mitten *darin* gestanden. Bestehen wir nochmals darauf. Auschwitz ist kein »Kriegsgreuel«, sondern ein *Werk des Hasses.* Das Werk eines quasi unbezwingbaren Hasses. Ich habe irgendwo gelesen, daß Treblinka durch Verdun möglich gemacht worden sei. Verdun ist in der Tat, wie Borodino, das sozusagen klassische Beispiel der zu Recht von Goya und Wereschtschagin[7] angeprangerten Schrecken des Krieges. Wie Borodino, doch viel besser ausgeführt. Ein grandioses Gemetzel. Dennoch selektierten die Granaten von Verdun keine verfluchte Rasse. Im selbstgefälligen Heraufbeschwören dieser Erinnerungen finden die ehemaligen Frontkämpfer sogar Motive der Würde, die Schüler eine

7 [Wassili Wassiljewitsch Wereschtschagin (1842-1904), russ. Maler.]

Lektion in Heroismus, die Politiker eine Gelegenheit, die deutsch-französische »Waffenbrüderschaft« zu zelebrieren. Ein Ruhmesblatt, sage ich Ihnen, zweier »großer« Völker, die sich unerklärlicherweise gegeneinander aufgelehnt hatten[8] und jetzt in allgemeiner Rührung versöhnt sind … Man kann alles in allem verstehen, warum die »deutsch-französische Annäherung« die Juden so wenig berührt, warum diese »Versöhnung« sie letztlich in keiner Hinsicht betrifft. Daß Deutschland jedem Angriffskrieg, allen pangermanischen Absichten im Blick auf Frankreich entsagt, das ist schon viel, und wir gratulieren uns dazu. Doch die militärische Invasion und die Judenvernichtung sind zwei verschiedene Unterfangen, und diese beiden Unterfangen decken sich nur teilweise, und notfalls geht das eine auch ohne das andere. 1914 gab es eine Invasion, aber es gab kein Auschwitz. Und umgekehrt kann man sich sehr leicht eine Situation vorstellen, wo derjenige, der bedauert, den imperialistischen Krieg ausgelöst zu haben, Auschwitz ganz und gar nicht bedauern würde: In dieser Situation, die derjenigen von 1940 ziemlich ähnlich ist, würden die Juden als das Haupthindernis für die große deutsch-französische Versöhnung betrachtet werden; diese

8 Durch die Juden, ohne jeden Zweifel.

verabscheuungswürdigen Juden verhindern die deutsch-französischen Kolloquien, die deutsch-französischen Umarmungen und Festmahle. Man muß die Juden verstehen. Sie empfinden nicht nur, gemeinsam mit all ihren Mitbürgern, die legitime Abneigung [*ressentiment*], die man den Henkern Frankreichs entgegenbringt: Sie sind darüber hinaus besonders betroffen, im Innersten gekränkt und persönlich gedemütigt.

Reduziert sich das unerklärliche und unvorstellbare Grauen von Auschwitz auf diese unbestimmten Abstraktionen, die man Gewalt, schwere Artillerie, Schrecken des Krieges nennt? Das würde bedeuten, das Problem in pietätvollem, allgemeinem Gefasel ertränken zu wollen, den außergewöhnlichen Charakter des Genozids zu banalisieren[9] und schamhaft aufzulösen und aus beliebigem Anlaß über all das zu reden. Wie jede begriffliche Erklärung etwas Beruhigendes hat, fühlt man sich bereits von der Vorstellung beruhigt, den hitlerschen Antisemitismus unter ein Gesetz zu subsumieren und die Todeslager in einen historischen Rahmen oder einen banalisierenden

9 André Neher widersetzt sich mit Recht dieser Banalisierung: »Dimensions et limites du dialogue judéo-allemand depuis 1945«, *Cahiers de l'Institut de science économique appliquée,* Nr. 132, Dezember 1962.

Kontext hineinzustellen. Wenn Auschwitz zufällig nur der besondere Fall eines allgemeineren Phänomens wäre? Diese Tendenz zur Tatsachenverleugnung bestätigt die Schwierigkeit, auf die man stößt, wenn man den böswilligen Nörglern die Spezifität eines jeden Problems begreiflich machen und die Aufmerksamkeit der Wirrköpfe auf ein bestimmtes Ereignis konzentrieren will. Der Wirrkopf hat zahlreiche Möglichkeiten, die Einzigartigkeit von Auschwitz zu unterschlagen: Denn alle Periphrasen sind recht, die es erlauben, diese beiden grauenhaften Silben zu umgehen und vom Thema abzulenken. Wir würden sagen, daß das Problem von Auschwitz für distinguierte Geister in diesen vier Worten zu stecken scheint: Wie sich dessen entledigen? Die Klügsten unter unseren brillanten Unterhaltern führen die Verbrechen von Stalin an, wahrlich unerwartete Verbrechen, denn sie dienen ihnen dazu, diejenigen von Hitler zu entschuldigen. Doch die Verbrechen von Stalin sind keine Antwort auf alles ... Außerdem hat man noch Besseres gefunden: Hitler hätte sich von dem Sultan inspirieren lassen, der zu Beginn des Jahrhunderts das verabscheuungswürdige Massaker an den Armeniern organisierte. Wenn die Juden vernichtet worden sind, ist es im Grunde genommen der Fehler von Abdul-Hamid. Ein bedeutender Historiker hat sogar geschrieben, daß die »Massenertränkung von Nantes« während der Terreur der tatsächliche Vorläufer von Auschwitz und Treblinka war. Es ist also den Juden nur etwas sehr Gewöhnliches passiert; überdies ist unser bedeutender Kollege darüber keineswegs erstaunt. Das Resultat dieser Vergleiche läßt nicht auf sich warten: Nach einer gewissen Zeit weiß niemand mehr, worum es sich handelt. Was offensichtlich das angestrebte Ziel war.

Nun handelt es sich heute weder um das Massaker an den Armeniern noch um die Hölle von Verdun, die Folterqualen von Algerien, den stalinistischen Terror, die Gewalttätigkeiten der Rassentrennung in Amerika oder um die Bartholomäusnacht: Es handelt sich um das grauenhafteste Verbrechen der Geschichte, und es handelt sich um die definitive Entlastung, die den Verbrechern dieses Verbrechens in Aussicht gestellt wird. Angesichts eines so empörenden Verbrechens ist die natürliche Regung eines Menschen mit Herz nicht, sich in die ARCHIVE zu stürzen und in der Vergangenheit nach mehr oder weniger vergleichbaren Gewalttaten zu suchen; ein Mensch mit Herz fragt sich nicht, auf welche Weise er die Schuldigen reinwaschen oder die abscheulichen Henker entschuldigen wird: Die natürliche Regung eines Menschen mit Herz ist es, sich zu empören und leidenschaftlich gegen das Vergessen zu kämpfen und die Verbrecher, wie es die alliierten Richter von Nürnberg versprochen hatten, bis ans Ende der Welt zu verfolgen. Doch unsere distinguierten Kasuisten haben Besseres zu tun: Der furchtbare Genozid muß restlos unterschlagen und in der Geschichte noch andere Auschwitz gefunden werden, die den Schrecken des wirklichen Auschwitz auflösen werden. Diese Umkehrung der natürlichsten Regungen von Herz und Verstand kann ich nur *Verderbtheit* [*perversité*] nennen. Letztlich hätten im Augenblick nur die straflosen Verbrecher, nur Doktor Mengele und seinesgleichen Interesse an solchen Alibis: Wenn jeder »dasselbe getan hat«, wie die von den Freunden Doktor Mengeles geforderte Feststellung lautet, ist es offenbar unnötig, sich zu empören; wenn jeder schuldig ist, ist niemand schuldig. Reden wir über alles, reden wir nicht über nichts. Reden wir also über etwas anderes.

Also gut, reden wir trotzdem darüber! Zunächst: Man hat noch nie ein Verbrechen entschuldigt, indem man vorbringt, daß auch andere eventuell fähig wären, es zu begehen. Und darüber hinaus ist dieses Verbrechen mit nichts vergleichbar. Nein, Auschwitz und Treblinka sind unvergleichlich: Nicht nur, weil allgemein nichts dasselbe ist wie etwas anderes, sondern vor allem, weil nichts dasselbe ist wie Auschwitz; dieses Verbrechen ist inkommensurabel, was immer auch das andere sein mag; wir sagten, daß es ein metaphysisches Greuel ist. Mit ihren sechs Millionen Vernichteten stehen die Juden sicherlich an der Spitze des Martyrologiums aller Zeiten; trauriger Vorzug, ach, und mache niemand den bevorzugten Sündenböcken den gotischen Haß streitig. Wenn man mit den Verdorbenen [*les pervers*] über Auschwitz spricht, halten sie uns die Leiden der Deutschen während des Krieges entgegen, die Zerstörung ihrer Städte, die Flucht einzelner Bevölkerungsgruppen vor der siegreichen russischen Armee. Jedem seine Märtyrer, nicht wahr? Allein die Idee, den unsäglichen Leidensweg der Deportierten und die gerechte Bestrafung ihrer Henker gegeneinander abzuwägen oder auf dieselbe Ebene zu stellen, diese Idee ist eine wohlüberlegte Niedertracht, wenn nicht eine regelrechte Perversion des moralischen Sinns. Perversion oder Perfidie, diese unglaubliche Umkehrung der Offensichtlichkeiten, diese skandalöse Verkehrung der Rollen provozieren die Lust zu antworten: Heute mir, morgen dir. Vor den Ruinen von Berlin und Dresden werden viele denken: Das ist das Mindeste, was man ihnen schuldete; und sie werden vielleicht urteilen, daß dieses Volk, verantwortlich für die größte Katastrophe der Geschichte, noch gut dabei wegkommt. Diejenigen, die das Blutbad von Lidice nicht bewegt, auch nicht das Massaker von Oradour, die Erhängungen von Tulle, die Erschossenen von Mont-Valérien, von Châteaubriant, von La Cascade und Chatou, behalten sich ihre Empörung für das Bombardement von Dresden durch die Engländer vor, als wenn in dieser Hinsicht nicht die Deutschen die Initiative gehabt hätten, als wenn die Zerstörung von Rotterdam, von Warschau und Coventry durch einen erbarmungslosen Gegner nicht den anglo-amerikanischen Luftangriffen vorausgegangen wäre. Dem Bombardement von Dresden, das uns vor Entsetzen erstarren läßt, fügt Auschwitz eine Dimension nie dagewesenen Grauens hinzu: Ich meine damit seinen ausgerichteten, methodischen und *selektiven* Charakter. Das ist wirklich das abscheulichste Meisterwerk des Hasses. Die anonymen und gewissermaßen unpersönlichen Gewalttätigkeiten des Krieges, die unterschiedslos die unglücklichen, schutzlosen Zivilisten niederwerfen, wählten ihre Opfer nicht aus, wie es der raffinierte Sadismus der Deutschen tat; genau genommen geschahen jene Greuel ohne Absicht; der Flieger, der nicht wußte, was er tat und seine Bombe blind über Hiroshima abwarf, suchte die wie Vieh behandelten Menschen nicht aus, und er hat

Hiroshima auch nicht aus Bosheit zerstört; er sprach den Japanern nicht das Lebensrecht ab; er versuchte nicht, sein Opfer ausführlich zu demütigen, zu zertreten, zu erniedrigen, bevor er es tötete: Sein Vorsatz war nicht, die japanische Rasse zu vernichten oder ein ganzes Volk zu entwürdigen, sondern, und sei es durch den Terror, das Ende des Konflikts zu beschleunigen. – Die Vernichtung der Juden läßt sich überdies nicht mit den Massakern vergleichen, welche die blutrünstigen Despoten aller Zeiten organisiert haben, um sich ihrer Feinde zu entledigen. Gewiß (und darin zumindest hatten die Nazis mehr recht, als sie selbst glaubten) sind die Juden die geborenen Feinde des Faschismus … Dennoch ist die Judenvernichtung weder eine Vergeltung noch eine Vorsichtsmaßnahme. Nichts hat sie gemeinsam mit jenen beklagenswerten Exzessen, welche die Revolutionen so häufig nach sich ziehen und die dennoch als solche vom Revolutionär nicht gewollt sind: Denn der Terrorismus ist selten die erklärte Absicht des Revolutionärs, er ist eine Degeneration der Revolution. Die Judenvernichtung ist etwas ganz anderes. Hitler hat lange im voraus gesagt, was er tun würde und warum er vorhatte, es zu tun; auf Grund welcher Prinzipien; im Namen welcher Dogmen. Er hat sich darüber lange ausgelassen mit dieser unnachahmlichen

Mischung aus metaphysischer Pedanterie und Sadismus, die eine deutsche Spezialität ist. Der schulmeisterliche Ton des germanischen Rassismus läßt zugleich an die Kommuniqués der Wehrmacht und an den Galimathias von M.[onsieur] Heidegger denken, und man weiß, daß er heute eines der Zeichen philosophischer Tiefe geworden ist ... Theoretiker des Rassismus und Praktiker der wissenschaftlichen Greueltaten sind beide ebenso pingelig wie blutrünstig, ebenso geschwätzig wie unerbittlich. Die Vernichtung der Juden war nicht, wie die Massaker an den Armeniern, ein Auflodern der Gewalttätigkeit: Sie ist schulmäßig begründet, philosophisch erklärt, methodisch vorbereitet, systematisch verübt worden von den pedantischsten Doktrinären, die je existiert haben; sie entspricht einer Vernichtungsintention, die wohlüberlegt und lange gereift ist; sie ist die Anwendung einer dogmatischen Theorie, die noch existiert und die sich Antisemitismus nennt. Daher werden wir gerne sagen und dabei die Worte des Gebets auf den Kopf stellen, die Jesus nach dem Evangelium des hl. Lukas an Gott richtet: Herr, vergib' ihnen nicht, denn sie wissen, was sie tun.

Es handelt sich also nicht um Unglücksfälle des Krieges. Es handelt sich um ein sehr präzises und sehr dringliches Problem: Wenn wir die törichten und leichtgläubigen Naivlinge die Bombardierung Dresdens hätten bekritteln lassen und bald (wer weiß?) die »Verbrechen« der Résistance, wäre die Verjährung am 8. Mai 1965 erreicht gewesen. Wünschen wir, daß Doktor Mengele, der Henker der Kinder, der Sadist, der Experimente an den Deportierten durchführte, bald nach Deutschland zurückkehrt und wieder anfängt, seinen Beruf als »Arzt« (man schaudert, wenn man daran denkt) ungestört auszuüben? Wünschen Sie, daß er demnächst wie jedermann seine Memoiren bei den Éditions Machin publiziert? Doch es wäre zu einfach, die Schuld nur diesem fürchterlichen Doktor zuzuschreiben; und die Entdeckung einiger großer Verbrecher würde mehr Schlechtes als Gutes bewirken, wenn sie als Vorwand für den Oktroi einer generellen Einstellung des Strafverfahrens für all die anderen herhalten müßte. Das peinlich genaue, administrative, wissenschaftliche und metaphysische Massaker an sechs Millionen Juden ist kein Unglück »an sich« oder ein natürlicher Kataklysmus: Es ist ein Verbrechen, für das ein ganzes Volk mehr oder weniger verantwortlich ist, und dieses Volk hat im übrigen einen Namen, und es gibt keinen Grund, den Namen dieses Volkes nicht zu nennen oder dem seltsamen Schamgefühl nachzugeben, das es heute verbietet, ihn auszusprechen. Ein Verbrechen, das im Namen der germanischen Überlegenheit begangen wurde, nimmt alle Deutschen in die nationale Verantwortung. Die beiden Deutschland, Erben des nationalsozialistischen Staates, sind Rechenschaft schuldig, das ist eine Tatsache. Die grauenhafte Maschinerie zum Zermalmen von Kindern, zum Auslöschen Hunderttausender Juden, Slawen, Widerstandskämpfer konnte nur dank unzähliger Komplizenschaften und im wohlgefälligen Schweigen aller funktionieren; die Henker folterten, und der Ausschuß der kleinen Mittäter half mit oder feixte. Ach, vom Lokführer der Konvois, die die Deportierten in den Tod führten, bis zum erbärmlichen Bürokraten, der die Verzeichnisse der Opfer verwaltete – es gibt recht wenige Unschuldige unter diesen Millionen Deutschen, die entweder stumm waren oder Helfershelfer. Zu sagen, daß es noch lange brauchen wird, um all die komplexen Verästelungen des Verbrechens aufzudecken, heißt nicht zu sagen, daß die Deutschen *kollektiv* oder als Deutsche verantwortlich seien: Es gab deutsche Demokraten in den Lagern, und wir verneigen uns tief vor dieser in der brüllenden Masse der anderen, in der Masse all der anderen verlorenen Elite. Man kann die erschütternde Geste von Kanzler Brandt vor dem Denkmal des Warschauer Ghettos hier nicht mit Stillschweigen übergehen. Und auf der anderen Seite beweist der bewunderungswürdige Mut von Mme Beate Klarsfeld, daß die Elite der jungen deutschen Generation die Elite, von der wir sprechen, zu ersetzen wußte. Außerhalb dieser Eliten ist ein ganzes Volk direkt oder indirekt an dem Unterfangen der gigantischen Vernichtung beteiligt gewesen; ein einmütig um seinen Führer versammeltes Volk, den es manches Mal wie besessen durch Plebiszit gewählt hatte, dem es so viele Male seine begeisterte Zustimmung bekräftigte, in dem es sich selbst wiedererkannte. Wir haben noch das abscheuliche Geschrei der Nürnberger Parteitage im Ohr. Daß ein gutmütiges Volk zu diesem Volk von tollwütigen Hunden hat werden können, ist ein unerschöpflicher Gegenstand der Ratlosigkeit und des sprachlosen Erstaunens. Man wird uns vorwerfen, diese Übeltäter mit Hunden zu vergleichen? Ich gestehe es in der Tat: Der Vergleich ist beleidigend für die Hunde. Hunde hätten weder die Verbrennungsöfen erfunden noch daran gedacht, Phenolspritzen in das Herz von kleinen Kindern zu setzen …

Hat man uns um Verzeihung gebeten?

Vielleicht hätte die Verjährung weniger Bedeutung, wenn die Läuterung vollständiger und aufrichtiger gewesen wäre, wenn man mehr Spontaneität, mehr Einmütigkeit auch im Zurückdenken an diese schrecklichen Erinnerungen spüren würde. Leider ist die Diskrepanz zwischen der Tragik dieser vier verfluchten Jahre und der Frivolität unserer Zeitgenossen ohne Zweifel eine der bittersten Verhöhnungen der Geschichte. Was wird man uns über das Vergessen und über das Verzeihen erzählen? Diejenigen, für die die Erschossenen von Mont-Valérien und die Massaker von Oradour nie viel gezählt haben, diejenigen, für die zwischen 1940 und 1945 nichts Besonderes vorgefallen ist, abgesehen von ein paar Versorgungsproblemen, diejenigen waren bereits von 1945 an mit einer so »korrekten« Besatzungsmacht versöhnt; kurz nach dem Waffenstillstand von 1945 hatten sie bereits vergessen, woran sich zu erinnern sie nicht den geringsten Wert legten. Sie haben die zwanzig Jahre der Verjährung erst gar nicht abgewartet. Wenn sie von der »Mauer der Schande« sprechen – es ist Ihnen wohl klar, daß es sich dabei um die Mauer handelt, welche die Verbindungen zwischen den beiden Berlin blockiert: Jene wissen nichts von der tragischen Mauer, die fünfhunderttausend zum Tode Verurteilte im Warschauer Ghetto einschloß. Die Verzeihung? Sie ließ sich doch ahnen, selbst während der Okkupation, in der Einwilligung in die Niederlage und in der krankhaften Hingabe an das Nichts, und sie ist bald nach dem Krieg erfolgt mit der Wiederbewaffnung der Übeltäter, mit der Rehabilitation der Übeltäter und mit der schändlichen Nachsicht gegenüber der Ideologie der Übeltäter. Heute ist die Verzeihung seit langem Fait accompli, begünstigt durch Gleichgültigkeit, moralische Amnesie und allgemeine Oberflächlichkeit. Längst ist alles vergeben und vergessen. Es müssen nur noch Oradour und München zu Partnerstädten erklärt werden. Gewisse, bemerkenswert wenig nachtragende Franzosen fanden es ganz natürlich, sechs Monate nach dem Krieg die einträglichen Verbindungen des Geschäfts und der Zerstreuung mit den alten Henkern ihres Vaterlandes neu zu knüpfen. Als beträfe die entsetzliche Demütigung von 1940 sie nicht. Als hätte die Schande der Kapitulation sie nicht getroffen. Ja, verbringen Sie Ihre Ferien in Deutschland. Österreich heißt Sie willkommen. Der Herbst ist wunderbar in Ravensbrück. Das Vergessen hatte seine Arbeit bereits vor der Verjährung getan: Nach der Verjährung würde das Vergessen gewissermaßen offiziell und normativ werden. Unsere Epoche ist reichlich unbeschwert: Sie hätte von nun an das *Recht* zur Unbeschwertheit: Sie wäre im juristischen Sinne unbelastet.

Und was die Deutschen selbst betrifft – warum sollten sie sich isoliert fühlen, wenn niemand ihnen Rechenschaft abverlangt? Das gute Gewissen der heutigen Deutschen hat etwas Verblüffendes. Die Deutschen sind ein Volk »ohne Reue« [»*irrepenti*«]. Wenn Deutschland eine andere Miene aufgesetzt zu haben scheint, dann weil es in Stalingrad zu Tode geprügelt worden ist, weil die Russen Berlin eingenommen haben und weil die Alliierten in der Normandie und die Forces françaises libres in der Provence gelandet sind; ohne die Panzer von Schukow, von Patton und Leclerc wäre Deutschland noch Hitler-Deutschland, und der triumphierende Nazismus würde in ganz Europa über die sterblichen Überreste der Märtyrer herrschen. Was wäre mit den niedergetretenen und unterjochten Völkern gewesen, wenn die tollwütigen Hunde Europas vor den Alliierten schweres Wasser zur Verfügung gehabt hätten? Die deutsche Reue heißt Stalingrad; sie heißt Durchbruch bei Avranches, sie heißt NIEDERLAGE! Es ist eine militärische Reue; und es ist auch eine kommerzielle Reue im Namen der Geschäfte, eine diplomatische Reue im Namen der Staatsräson; mit Bußfertigkeit hat das nichts zu tun ... Deutschland hat die Verjährung um fünf Jahre verlängert, so wie es Reparationen an Israel bewilligt oder den Ausgeplünderten Entschädigungen angeboten hat – weil das sein momentanes Interesse war, weil es bestrebt ist, »sich reinzuwaschen«: Unter dem Druck der demokratischen Meinung Europas und der vereinten Résistance hat es tatsächlich diese lächerliche Verlängerung einer Verjährungsfrist angeboten, doch nach wie vielen Ausflüchten und jämmerlichem Schachern! Die Wohlmeinenden, die durch unsere Weigerung, großzügig darüber hinwegzusehen, gereizt sind, werden ohne Zweifel die Gelegenheit dieser erbärmlichen Verlängerung ergreifen, um endlich an etwas anderes denken zu können ... Die öffentliche Meinung, welche durch die Bestürzung der Widerstandskämpfer am Ende doch alarmiert war, wird es vielleicht hinnehmen, sich ihrerseits beschwichtigen zu lassen. Aber wir, wir wissen sehr wohl, daß die Deutschen nicht unversehens durch die Gnade der Konversion berührt sind. Gewisse skandalöse Entscheidungen, besorgniserregende Zeichen,[10] alles verkündet den eklatant bösen Willen, den die Deutschen ... und die

10 Vgl. die exzellente Studie von Bernard Lavergne, »L'absolution en Allemagne des crimes de guerre«, *Année politique et économique,* Nr. 183, 1945.

Österreicher bei der Verfolgung der Verbrecher mehr und mehr an den Tag legen, von denen loszusagen sie sich in ihrem tiefsten Innern nicht entschließen können. Wenn sie sie ohne Überzeugung und widerwillig verfolgen, dann deshalb, weil sie sich in ihnen wiedererkennen.

Die Verzeihung! Doch haben sie uns jemals um Verzeihung gebeten? Es ist die Verlorenheit und es ist die Verlassenheit des Schuldigen, die allein der Verzeihung einen Sinn und eine Existenzberechtigung geben würden. Wenn der Schuldige fett und gut genährt ist, prosperierend und reich gemacht durch das »Wirtschaftswunder«, ist die Verzeihung ein unheimlicher Scherz. Nein, die Verzeihung ist nicht für Schweine und ihre Säue gemacht. Die Verzeihung ist in den Todeslagern gestorben.[11] Unser Entsetzen für das, was der Verstand bei genauem Hinsehen nicht begreifen kann, würde das Mitleid schon im Augenblick seines Entstehens ersticken … wenn der Angeklagte uns leid tun könnte. Der Angeklagte kann es

11 [Diesen Satz hat Jankélévitch in seinem letzten Interview, das wenige Tage vor seinem Tod im Jahr 1985 geführt wurde, ausführlich kommentiert: Vgl. »Jankélévitch le presque-semblable«, in: *Libération,* 8./9. Juni 1985, S. 31 f.; »Jankélévitch, le mal de la bivalence«, in: ebd., 10. Juni, S. 34 f. (Interview mit Jean-Pierre Barou und Robert Maggiori).]

nicht gleichzeitig mit beiden Seiten halten: Den Opfern ihr Ressentiment vorhalten, für sich selbst Patriotismus und gute Absichten beanspruchen und nach Verzeihung streben. Man müßte wählen! Man müßte, wenn man Verzeihung wollte, sich schuldig bekennen, ohne Vorbehalte oder mildernde Umstände. Es ist heute das erste Mal seit 1945, daß Deutsche so tun, als ob sie sich entschuldigen; sie entdecken, daß sie uns vielleicht eine gewisse Rechenschaft schuldig sind, und man gibt uns das Almosen einiger Erklärungen. Wenn wir früher kein Wort des Verständnisses gehört haben, dann deshalb, so scheint es, weil wir den Kontakt mit den Deutschen gemieden haben … War es am Gekränkten, diesen Kontakt zu suchen? Haben also die deutschen Männer und Frauen nicht ganz von allein daran gedacht? Hätten sie die Idee gehabt, so viele schöne ergriffene Briefe an die Wochenblätter zu schreiben, wenn wir nicht gegen die Verjährung protestiert hätten? Jedenfalls beweist nichts besser das Fehlen von Spontaneität einer bestimmten deutschen Jugend, ihre geringe Begeisterung, auf die Opfer zuzugehen, ihr fundamental gutes Gewissen. Dem Opfer zuvorkommen, das war es: Um Verzeihung bitten! Wir haben lange auf ein Wort, ein einziges, gewartet, ein Wort des Verständnisses und der Sympathie … Erhofft haben wir es, dieses brüderliche Wort! Gewiß, wir rechneten nicht damit, daß man unsere Verzeihung erflehte ... Aber ein Wort des Verständnisses hätten wir mit Dankbarkeit, mit Tränen in den Augen entgegengenommen. Ach! Was die Reue anbelangt, haben uns die Österreicher den schändlichen Freispruch der Henker zum Geschenk gemacht. Noch warten wir auf die feierliche Geste der Wiedergutmachung oder des Widerrufs, die eine so schreckliche moralische Verantwortung den deutschen Intellektuellen auferlegte, den deutschen Professoren, den deutschen Philosophen und selbst (mir ist nicht nach Lachen zumute) den deutschen »Moralisten«, wenn es denn welche gibt. Doch die deutschen Intellektuellen und Moralisten haben nichts zu sagen. Damit haben sie nichts zu tun. Sie sind viel zu sehr beschäftigt mit dem »Dasein« und dem »existentiellen Entwurf«. Und dennoch kommt es den Intellektuellen auf ein Manifest nicht an! Weder die Initiative noch der große Einspruch wird jemals kommen, durch den sich das deutsche Denken vorbehaltlos von dieser grauenerregenden Vergangenheit, die es schließlich angeht, distanzieren würde und durch den es sie mit Entsetzen zurückweisen würde. Und wie sollte es einer Lehre abschwören, in der sich Heidegger unmittelbar wiedererkannte und die so deutlich den Stempel Nietzsches trägt? Man muß es aussprechen: Ganz Deutschland, seine Jugend, seine Denker, sie sind allesamt an der grauenvollsten Tragödie der Geschichte vorbeigegangen; sie haben keinerlei Beziehung zu den Millionen Vernichteten ohne Grabstätte, keinerlei Mittel, um dieses Unglück zu denken; sie fühlen sich überhaupt nicht schuldig, bekennen sich keines Unrechts schuldig. Offensichtlich reicht ihr »Existentialismus«, wie sie sagen, nicht bis dahin. Warum sollten wir jenen verzeihen, die so wenig und so selten ihre Untaten bedauern? Heidegger ist verantwortlich, stellt Robert Minder nachdrücklich fest, nicht nur für all das, was er unter dem Nazismus gesagt hat, sondern auch für das, was er 1945 nicht gesagt hat.[12] Ganz im Gegenteil scheint der Deutsche heute befallen zu sein von einem heftigen Juckreiz zu diskutieren, zu bestreiten und sogar anzuklagen; er tut von oben herab, verteilt Lob und Tadel: Auch er, er ist nicht einverstanden! Nicht einverstanden womit? Mit der Zahl der Opfer? Mit der Art des Gases, das verwendet wurde, um die Frauen und Kinder zu ersticken? Man glaubt zu träumen. Bald werden wir uns unsererseits, was die Deut-

12 Robert Minder, *Hebel et Heidegger, lumière et obscurantisme, »Utopies et institutions au XVIIIe siècle«,* hrsg. v. P. Francastel, 1963. [dt.: *Heidegger und Hebel oder die Sprache von Meßkirch,* in: *Dichter in der Gesellschaft,* Frankfurt/M. 1972, S. 234-294.]

schen anbelangt, schuldig fühlen und glücklich noch dazu, wenn sie uns zugestehen, daß beide Seiten Schuld tragen. Woher also nehmen sie diese Sicherheit? Woher kommt ihr verblüffend gutes Gewissen? Wir müßten zweifellos sagen: Diese vollständige Bewußtseinstrübung! Deutschland, soviel ist sicher, ist der Beleidigte, und es ist seine beachtenswerte Verlorenheit, von der die guten Geister beunruhigt sind. Müßten sich die Deportierten nicht ihrerseits entschuldigen, schon viel zu lange die Aufmerksamkeit der Öffentlichkeit auf sich gezogen zu haben? So wie die Dinge sich entwickeln, wird man schließlich entdecken, daß die Henker die wahren Opfer ihrer Opfer sind. Es sind nicht die Millionen Vernichteten, die unsere Sudetendeutschen des Pariser Journalismus interessieren, es ist das Los der unglücklichen Deutschen, die von den Slawen aus Preußen und Böhmen vertrieben wurden. Von nun an geht es nicht mehr um das ungeheure Massaker an Unschuldigen, um die Opfer der deutschen Raserei ... Es geht darum zu wissen, ob M.[onsieur] Heidegger verleumdet worden ist; und wir sind es, die ihm Rechenschaft werden ablegen müssen! Millionen Unglücklicher sind an Hunger, Kälte und Elend in den Lagern gestorben; doch der große Denker wird im Bett des großen Denkers sterben. Im übrigen werden wir nicht das Gespräch mit den Metaphysikern des Nationalsozialismus anknüpfen oder mit ihren Freunden; noch mit den Freunden ihrer Freunde; oder mit den *Sturmabteilungen** der deutschen Philosophie; denn wir erkennen ihnen nur das eine Recht zu: Beten, wenn sie Christen sind; uns um Verzeihung bitten, wenn sie es nicht sind. Und in jedem Fall: schweigen.

Darüber hinaus hat es etwas Schockierendes zu sehen, wie die einstigen Unbürger, die frivolsten und egoistischsten Menschen, diejenigen, die weder gelitten noch gekämpft haben, uns das Vergessen der Kränkungen nahelegen; man führt die Pflicht zur Nächstenliebe an und predigt den Opfern eine Verzeihung, um die die Henker selbst sie niemals gebeten haben. Diese Opfer schonend zu behandeln, auf ihre Wunden Rücksicht zu nehmen, ist dies nicht ebenfalls eine Pflicht der Barmherzigkeit? Was die Millionen Vernichteter, was die zu Tode gemarterten Kinder anbelangt, so sind sie genauso wert, die bekennenden Dozenten des Pardon [*professeurs du pardon*] zu rühren wie die Deutschen und sonstige Sudeten. Und wer, bitte, sind diese nachsichtigen Juristen? Warum haben sie es so eilig, die Seite umzublättern und mit den einstigen SS-Schergen zu sagen:

* [Im Orig. dt.]

*Schluß damit**? Wo waren sie, was taten sie während des Krieges? In welcher Eigenschaft dürften sie es sich herausnehmen, in unserem Namen zu verzeihen? Wer hat sie damit beauftragt, oder wer hat ihnen das Recht dazu gegeben? Es steht jedermann frei, die Kränkungen, die er persönlich erfahren hat, zu verzeihen, sofern er es für richtig erachtet. Doch mit welchem Recht würde er diejenigen der anderen verzeihen? Auch Jean Cassou wendet sich an die Freunde der Hitleranhänger. »Wer sind Sie, Sie, die Sie die Verteidiger der Naziverbrecher spielen? In wessen Namen, für wen, vermöge welcher Prinzipien, im Dienste welcher Interessen, mit welchen Zielen fühlen Sie sich befugt, zu verlangen, daß man alle gerichtlichen Schritte gegen sie einstellt, daß man sie für alle Zeiten in Ruhe läßt?« Und ich füge noch dies hinzu: Ich erkenne nicht, wieso es an uns, den Überlebenden, wäre, zu verzeihen. Fürchten wir lieber, daß die Willfährigkeit gegenüber unserer schönen Seele und unserem edlen Gewissen, fürchten wir, daß die Gelegenheit zu einer pathetischen Attitüde und die Versuchung der uns angetragenen Rolle uns eines Tages die Märtyrer vergessen lassen. Es geht nicht darum, erhaben zu sein, es genügt, treu und ernsthaft

* [Im Orig. dt.]

zu sein. Warum, übrigens, sollten wir diese großherzige Rolle der Verzeihung uns vorbehalten? Wie mir in bewunderungswürdigen Worten ein prawoslawischer Christ schrieb, M.[onsieur] Olivier Clément, ist es das Vorrecht der Opfer, zu verzeihen. Inwiefern sind die Überlebenden berechtigt, an Stelle der Opfer oder im Namen der Davongekommenen, ihrer Eltern, ihrer Familie zu verzeihen? Nein, es steht uns nicht zu, für kleine Kinder zu verzeihen, an deren Todesmarter die Bestien sich vergnügten. Die kleinen Kinder selbst müßten verzeihen. Wenden wir uns also den Bestien zu und den Freunden dieser Bestien und sagen wir ihnen: Die kleinen Kinder, bittet sie selbst um Verzeihung.

Mögen die anderen, die Nicht-Betroffenen, es uns nicht übelnehmen, wenn wir die Litaneien der Bitternis bis zum Überdruß unablässig wiederholen. Diese Angelegenheit wird nicht einfach abzuwickeln sein. Wenn man im Namen von Prinzipien sechs Millionen menschliche Wesen hingeschlachtet hat, dann muß man, nicht wahr, auf das gefaßt sein, was die Überlebenden eine gewisse Zeit lang darüber sagen, sollten sie auch die anderen wahnsinnig oder müde machen; viele Jahre werden noch notwendig sein, damit wir uns aus unserer Bestürzung lösen und damit das Geheimnis dieses unsinnigen Hasses vollständig aufgeklärt wird. Unsere Zeitgenossen werden zweifellos meinen, daß man viel zu viel über die Todeslager redet; und zweifellos würden sie sich wünschen, daß man überhaupt nicht mehr darüber redete. Nun, man redet nicht genug darüber, man wird darüber niemals genug reden! Hat man übrigens darüber jemals wirklich geredet? Scheuen wir uns nicht, es zu sagen: Heute redet man zum ersten Mal darüber. Denn die Bedeutung dessen, was geschehen ist, ist weit davon entfernt, allgemein anerkannt zu sein. Die unendlich großen Leiden, durch die diese verfluchten Jahre gekennzeichnet waren, stehen in keinem Verhältnis zum lächerlichen Mittelmaß der Erneuerung, die uns die Nachkriegszeit gebracht hat. Bittere, unerhörte Ironie der Geschichte! Es ist fast ohne Beispiel, daß ein so schrecklicher Kataklysmus zu solch armseligen Konsequenzen führte, daß das Schuldbewußtsein für eine solche Tragödie, für die größte Tragödie der Neuzeit, so schnell und beinahe, ohne Spuren zu hinterlassen, in der Erinnerung der Menschen verblaßt ist … So viele Tränen und das, um dahin zu kommen! Seit 1945 haben andere Fälle die noblen Menschen aufgestört, andere Ungerechtigkeiten haben die Empörung der Jugend hervorgerufen, mitunter haben sie uns sogar als Alibi gedient, haben uns von unserem Albtraum abgelenkt, der uns immer wieder heimsucht, und uns daran gehindert, diese grauenhafte Sache zu *realisieren,* an die zu denken, genau genommen, kein Mensch ertragen kann: Da man nun einmal nichts mehr gegen die deutschen Todesfabriken vermag, protestieren wir wenigstens und mit all unseren Kräften gegen die Folterqualen, solange noch Zeit ist. So haben wir die Verzweiflung vermieden. Glücklicherweise sind die neuen Verfolgten nicht mehr allein, denn die Demokraten der ganzen Welt machen sich ihre Sache zu eigen. Doch die Juden waren allein. Absolut allein. Diese herzzerreißende Einsamkeit, diese absolute Verlassenheit ist eine der furchtbarsten Seiten ihres Leidensweges. Es gab noch keine »Vereinten Nationen«, keine internationale Solidarität. Die Presse blieb stumm. Die KIRCHE schweigsam. Sie, auch sie, hatte nichts zu sagen. Roosevelt wußte Bescheid, doch er schwieg, um die Boys nicht zu demoralisieren. Die entsetzten Polen, die indes wenig geneigt waren, sich für die Juden in Gefahr zu begeben, haben den Tod sein teuflisches Werk fast unter ihren Augen ausführen lassen. Jeder ist mehr oder weniger der unterlassenen Hilfeleistung an einem Volk schuldig, das in Todesgefahr schwebte. Das »universelle Gewissen«, wie die Paladine des »Heiligen Krieges« sagen, war sicher ergriffener wegen eines Moscheendachbrandes als wegen des wohlüberlegten und wissenschaftlichen Massakers an sechs Millionen menschlichen Wesen. Darum sagen wir: Man hat noch nie über diese Sache gesprochen. Es muß doch zu guter Letzt darüber gesprochen werden! Es muß doch gesagt werden, was es damit auf sich hat, nicht wahr?

Aber wir, was sollen wir angesichts dessen, was geschehen ist, tun? Im eigentlichen Sinn des Verbs »machen«kann man heute nur ohnmächtige, symbolische und sogar unvernünftige Gesten wie zum Beispiel, niemals mehr nach Deutschland zu fahren ... und noch weniger nach Österreich! Die Entschädigungen der Deutschen oder ihre »Reparationen« nicht zu akzeptieren ... Reparationen, ach! Wiedergutmachungen für kleine jüdische Kinder, die, weil sich die deutschen Offiziere daran vergnügten, als lebende Zielscheiben für deren Schießübungen ausgewählt wurden? Die Folterknechte, die sich von ihren Foltergeschäften zurückgezogen haben, werden – und die Erfordernisse des Zusammenlebens sind dabei förderlich – immer Gesprächspartner finden, die nicht zimperlich sind und mit ihnen leichten Herzens Geschäftsbeziehungen eingehen und das ausführen, was uns widerstrebt. Unsere Weigerung ist dennoch nicht ohne Bedeutung. Mit bewundernswertem Ernst und Mut hat André Neher die moralische

Bedeutung dieser Weigerung herausgestellt.[13] Es war Zeit, daß André Neher uns das in Erinnerung rief: Das Leben, das keine Gründe hat, gelebt zu werden, verdient nicht, gelebt zu werden; das Leben, das keine Gründe hat, gelebt zu werden, ist nur das, was es ist: ein Leben von Ameisen oder Wiederkäuern. Wir unsererseits sagen zu den Deutschen: Behaltet eure Entschädigungen, die Verbrechen lassen sich nicht in klingende Münze umsetzen; es gibt keinen Schadenersatz, der uns für sechs Millionen zu Tode Gemarterter entschädigen könnte, es gibt keine Wiedergutmachung für das Nichtwiedergutzumachende. Wir wollen euer Geld nicht. Eure Mark versetzt uns in Schrecken, und noch mehr die recht deutsche Absicht, sie uns anzubieten. Nein, Geschäfte sind nicht alles. Nein, Ferien sind nicht alles; und der Tourismus auch nicht, noch die schönen Reisen oder die Festivals, und wären sie österreichisch. Doch das könnt ihr nicht verstehen. Von Herzen gern verzichten wir auf so viele und so verlockende Vorteile. Und da man nicht jedermanns Freund sein kann, ziehen wir es vor, die Liebhaber der deutsch-französischen »Partner-

13 »Non à l'Allemagne«, *L'Arche,* März 1965. Ders.: »Dimensions et limites du dialogue judéo-allemand depuis 1945«, *Cahiers de l'Institut de science économique appliquée,* Nr. 132, Dezember 1962.

schaften« zu reizen, statt die Überlebenden der Hölle zu kränken.

Und so sind wir in die Pflicht genommen. Diese unzähligen Toten, diese Massakrierten, diese Gefolterten, diese Niedergetretenen, diese Gekränkten sind *unsere eigene Angelegenheit.* Wer sollte darüber sprechen, wenn nicht wir darüber sprechen? Wer genau sollte daran denken? Bei der seit langem den Mördern gewährten moralischen Generalamnestie haben die Deportierten, die Erschossenen, die Massakrierten nur noch uns, damit ihrer gedacht wird. Wenn wir aufhörten, an sie zu denken, würden wir sie vollends vernichten, und sie wären endgültig zunichte gemacht. Die Toten sind vollständig abhängig von unserer Treue ... Das ist im allgemeinen die Situation der Vergangenheit: Die Vergangenheit bedarf der Hilfe, sie hat es nötig, daß man die Vergeßlichen, die Leichtfertigen und die Gleichgültigen an sie erinnert, daß unsere Feiern sie unaufhörlich vor dem Nichts retten oder wenigstens das Nicht-Sein verzögern, dem sie geweiht ist; die Vergangenheit hat es nötig, daß man ausdrücklich zusammenkommt, um ihrer zu gedenken: Denn die Vergangenheit braucht unsere Erinnerung ... Nein, der Kampf zwischen den unwiderstehlichen Gezeiten des Vergessens, die auf die Dauer alle Dinge überfluten, und den verzweifelten, doch intermittierenden Einsprüchen der Erinnerung ist keineswegs gleichgültig; indem uns die bekennenden Dozenten des Pardon das Vergessen empfehlen, raten sie uns also das, was überhaupt nicht geraten zu werden braucht: Die Vergeßlichen werden das von selbst tun, sie verlangen nur das. Es ist die Vergangenheit, die unser Mitleid und unsere Dankbarkeit fordert: Denn die Vergangenheit verteidigt sich nicht von allein, so wie sich die Gegenwart und die Zukunft verteidigen, und die Jugend verlangt, sie kennenzulernen und argwöhnt, daß wir ihr etwas verbergen; und in der Tat wissen wir noch immer nicht, wie wir ihr die entsetzlichen Geheimnisse enthüllen sollen, deren Träger wir sind: die Vernichtungslager, die Erhängungen von Tulle, das Massaker von Oradour. Indem wir die Tage des Zorns, der Drangsal und des Leidens in Erinnerung rufen, protestieren wir gegen das Vernichtungswerk und gegen das Vergessen, das dieses Werk vollenden und auf immer besiegeln würde; wir protestieren gegen den dunklen See, der so viele wertvolle Leben verschlungen hat. Doch man ist mit diesen wertvollen Leben nicht im reinen, gegenüber diesen Widerstandskämpfern und diesen Massakrierten, nur weil man einmal im Jahr die Journée de la déportation gefeiert, eine Rede gehalten, ein Grab geschmückt hat. Wir, die wir durch den wunderbarsten Zufall überlebten, wir sind nicht besser als sie; wir, die wir dem Massaker entkommen sind, wir sind doch nicht mehr zu bedauern als sie; unsere Nacht ist doch nicht schwärzer als die ihre; unsere Existenz ist nicht wertvoller als ihre; der entsetzliche Leidensweg dieser Märtyrer ist uns erspart geblieben; wir und unsere Kinder werden ihre Prüfungen nicht mehr kennen. Verdienten wir eine solche Chance? Das, was geschehen ist, ist einzig in der Geschichte und wird sich zweifellos niemals wiederholen, denn es gibt dazu kein Beispiel, seit die Erde sich dreht; ein Tag wird kommen, an dem man dieses auf immer unerklärliche Kapitel in den Annalen des Hasses nicht einmal mehr wird erklären können. Man würde eine gewisse Erleichterung verspüren, wenn man diesen Albtraum banalisierte: ein Krieg wie all die anderen, vom einen gewonnen, vom anderen verloren, und von den unvermeidlichen Unglücken des Krieges begleitet – in diesen Abstraktionen gäbe es nichts als etwas sehr Gewöhnliches, nichts, was die Ruhe eines guten Gewissens stören noch den Schlaf des Nichtwissens [*inconscience*] beunruhigen könnte. Doch nein, der Schlaf kommt nicht wieder. Wir denken am Tag daran, in der Nacht träumen wir davon. Und da man nun einmal nicht auf die Touristen spucken oder Steine nach ihnen werfen kann, bleibt ein einziges

Mittel übrig: Sich erinnern, sich innerlich sammeln. Da, wo man nichts »tun« kann, kann man wenigstens *verspüren* [*ressentir*], unerschöpflich. Das ist ohne Zweifel das, was unsere brillanten Advokaten der Verjährung unser Ressentiment nennen werden, unser Unvermögen, die Vergangenheit auf sich beruhen zu lassen. Übrigens, war diese Vergangenheit für sie jemals eine Gegenwart? Das Gefühl, das wir empfinden, heißt nicht Groll, sondern Entsetzen: Unüberwindbares Entsetzen darüber, was geschehen ist, Entsetzen über die Fanatiker, die diese Sache begangen haben, über die Willenlosen ohne Rückgrat, die sie akzeptiert haben, und über die Gleichgültigen, die sie bereits vergessen haben. Jetzt haben wir unser »Ressentiment«. Denn das »Ressentiment« kann auch ein erneuertes und intensiv erlebtes Gefühl der unsühnbaren Sache sein; es protestiert gegen eine moralische Amnestie, die lediglich eine schändliche Amnesie ist; es unterhält die heilige Flamme der Unruhe und der Treue zu den unsichtbaren Dingen. Das Vergessen wäre in diesem Fall eine schwere Beleidigung gegenüber denen, die in den Lagern gestorben sind und deren Asche für immer mit der Erde vermengt ist; es wäre ein Mangel an Ernsthaftigkeit und an Würde, eine schändliche Frivolität. Ja, die Erinnerung an das, was geschehen ist, ist in uns unauslöschlich, unauslöschlich wie die Tätowierung, welche die aus den Lagern Davongekommenen noch auf dem Arm tragen. In jedem Frühling blühen die Bäume in Auschwitz, wie überall; denn das Gras ist nicht angewidert davon, in diesen verfluchten Gefilden zu wachsen; der Frühling unterscheidet nicht zwischen unseren Gärten und diesen Orten unaussprechlichen Elends. Heute, wo die Sophisten uns das Vergessen empfehlen, werden wir nachdrücklich unser stummes und ohnmächtiges Entsetzen vor den Hunden des Hasses zum Ausdruck bringen; wir werden nachdrücklich an die Agonie der Deportierten ohne Bestattung und an die kleinen Kinder denken, die nicht zurückgekehrt sind. Denn diese Agonie wird dauern bis ans Ende aller Tage.

Über den Autor:

Vladimir Jankélévitch (1903-1985) studierte u. a. bei Bergson Philosophie an der École Normale in Paris, war Lehrer am Institut Français in Prag und an zahlreichen Universitäten in Frankreich. 1939 schließt er sich der Résistance an und geht in den Untergrund. 1951 wird er auf den Lehrstuhl für Moralphilosophie an der Sorbonne berufen. Vor dem Krieg ein ausgewiesener Kenner deutscher Kultur und Geistesgeschichte, lehnte er nach 1945 das Deutsche schlechthin ab. Im Essay *Verzeihen?* kommt seine solitäre, konsequent-rigoristische Moralphilosophie exemplarisch zum Ausdruck.

Von Vladimir Jankélévitch ist zuletzt im Suhrkamp Verlag erschienen: *Der Tod* (2005).